gabriela schuster

fata de la oraş

Colecția *Qpoem*

Colecție coordonată și îngrijită de Călin Vlasie

Editor/redactor: Călin Vlasie

Corector: Ioana Bogdan
Tehnoredactor: Adriana Vlădescu
Prepress: Marius Badea
Coperta colecției: Ionuț Broștianu

Descrierea CIP a Bibliotecii Naționale a României
SCHUSTER, GABRIELA
Fata de la oraș / Gabriela Schuster. - Pitești :
Paralela 45, 2016
ISBN 978-973-47-2294-5

821.135.1-1

gabriela schuster

fata de la oraş

Editura Paralela 45

eu fata de la oraş

Era vorba despre starea de graţie
mi-era greu să leg toate cuvintele
într-o basma
şi să plec cu picioarele goale
eu fata de la oraş mirosind a săpun
cu inima încărcată de blocuri
cu asfaltul încins al verii
claxoane, cozi la bilete, covrigi
eu fata de la oraş cu unghiile bine tăiate
şi obiceiul de a mânca iaurt
la micul dejun
m-am pomenit cu cerul de stele
căzându-mi pe piept
mirosea a regina nopţii
într-o lume prea mare
într-o viaţă prea mică

între casiopeea şi perseu
(căpăţâna şi scaunul lui dumnezeu)

Eşti definitiv o romantică şi o sinceră
şoptea Iosif Mariei
coborându-i cu grijă
din întunericul de august
la încheietura bronzată a mâinii
Perseidele

se loveau una de alta
se îmbrăţişau sub ochiul scos al lui Perseu
şi cădeau împreună
pe lângă scaunul lui Dumnezeu
în hamacul de noapte –
suflete fără noroc
strălucite în lacrimile lui Laurenţius
pe focul de fier

frigul lunii le crăpa buzele
Maria şi Iosif aveau viziuni
le schimbau între ei
şi nu le venea să creadă
că în sfârşit
timpul se dăduse peste cap
căzuse în şpagat
şi se oprise
pentru câteva mii de ani –
când va porni iarăşi
vor îmbătrâni şi vor muri
ca toţi oamenii

tu eşti Sfinxul

Tu eşti Dunărea de jos
din josul Carpaţilor
eşti fluviul Gange
Yamuna
Sfinxul care se uită prin mine
pentru că eu sunt în univers
transparentul nimeni

urechile tale de piatră
nu îmi mai aud de mult
inima ghemuită sub coaste
de frica morţii
tu eşti linia pe care umblu
sfioasă şi temătoare

Tu eşti Alaska
tu eşti rechinul cu gura plină
de carnea mea
sângele e marea însăşi
se bea în fiecare ceas
cu spaimele peştilor
atârnaţi în cârlig, cu tot,
tu eşti masa şi pâinea
din care îmi tai câte o felie
mare-ovală
o ung repede cu vorbe de iubire
şi o mănânc tot atât de repede
cu nesaţ cu pleoapele lăsate
înăuntru gânduri păcătoase

Tu eşti fluviul galben pentru că
avem o toamnă lungă
cu grămezi de lubeniţe

la marginea drumului

Tu eşti Iordanul
mă scald în tine şi în urâţenia
de la sfârşitul
vieţii

IMP-udice

„eu am bucuria celor implicați pentru că așa am decis
să ne auzim măcar,
să ne implicăm în lumina vieții
şi să scurtăm umbrele... (ymp)"

IMP-udice ghetele de joi
n-au pingele
degetul mare ojat
joacă rolul oglinzii
ți-e trupul galben
ochii sticloşi
auzul cordial
dansezi vijelii
de şaman
miroase a marihuana de ghiveci
în fereastră

o petală de vânt
flutură peste pădure
piticii fug de-a valma în scorburi
şi umerii rămân la orizont
aşteaptă eclipsele

totul în lume este calculat
destinele traiectoriile
iubirile războaiele
YANNELIS şi-a răscumpărat ghidonul
încearcă frenetic să treacă prin lume
săpând urme în timpul fără timpan

zicea bătrâna

Am mai aşteptat o zi... şi încă o zi... şi încă o zi...
Am obosit, prietene,
De multă vreme îmi urci emoţia la gât
De multă vreme îmi scot toleranţele
La soare, la senin, la folosit...

Când rândunica nu îşi mai face cuibul
sub streaşina ta
te-a părăsit norocul,
zicea bătrâna
şi trebuie să te spovedeşti

nu am ucis
nu am înşelat
nu am privit prin gaura cheii

nu am furat
nu am blestemat

Am aşteptat încă o zi prietene
deasupra muntelui de zile...
doar-doar s-or face ochii mei mai limpezi

izvorul a crescut depărtând malurile
nu ne vedem,
nu ne mai auzim...
o linişte de piatră
ne umple gurile...
pleoapele...
timpul rămas...

buzele tatălui însângerate

Ţi-era sângele uscat pe buze
şi vorbeai şi vorbeai negru
despre tatăl căzut pe front
şi bunicul şi fratele tatălui

vorbeai despre mama care
şi-a crescut copiii singură
4
bunica bolnavă şi mătuşa şi copiii ei
toţi într-o casă netencuită
cu lemnele netăiate cărămizile plesnite
pomi fără rod şi câini fără stăpâni
toţi într-o casă anemică fără braţe
toţi într-o casă
un coridor lung cu uşi lângă uşi
şi alte uşi lângă uşi
lumină nu era niciodată
se auzea doar câte o
ÎMPUŞCĂTURĂ

împuşcătura
se zdrobea de un perete sau de altul
curgea apoi în mierea surdă a nopţii
vreo uşă se dădea la o parte
să strige un glas:
soldat Pavel Petraşcu ai scrisoare!
liniştea în jur devenea ca pământul nelucrat,
în somn auzeai grenade comenzi tunuri
bocanci mulţi şi murdari
într-un ritm din care
nu puteai să ieşi

*

pe iarbă pluteau morții
zicea un fir:
- mai poți ?
- eu nu,
mă înec în sânge
stele de fier cad ofilite
în plasa de întuneric
prin negrul de fum
dimineața
nu se mai dă jos din cer
– soldatul meu mai geme-ncetişor
uneori strigă din piept
dinspre fotografiile copiilor
4
trei băieți şi-o fată

*

Ți-era sângele o dâră pe buze
negru mirosind a pământ
vorbeai şi vorbeai
cu firul de iarbă
pe buze coclea sânge de tată
tatălui din fotografia
din casa în care
împuşcăturile loviseră pereții
încă mult după terminarea
războiului,
o copilărie întreagă

uşa către moarte

Am întredeschis uşa către moarte
uhuuu trece un vânt negru

nu-i adevărat
niciun film al vieții nu rulează în fugă
doar o presiune grea ca o apă la mari adâncimi
intră în gură în piept în gânduri
nu se poate auzi are un gust sălciu -
se strecoară invadator-cenuşiu, nemilos
astupă ultimul strigăt şi pleacă deja
fără să întoarcă ceasul

mie

„pentru Gabi Schuster
o glumă bună
despre ce mi s-a întâmplat
în biserică
stăteam şi se cântau laudele
şi eram aşa de liniştit
şi fericit
şi o doamnă de lângă mine
scoate un pachet de ţigări
şi îşi aprinde o ţigară
surprins foarte
mai să-mi cadă berea din mână
asta mi s-a întâmplat
dragă Gabi
asta o crezi?
(ymp)"

te cred, Ymp-ule
într-o vineri după joi
eram în biserică
şi a intrat calul negru
cu copite de aur
îmbrăcate în fier
avea o coamă-mpletită
şi o pătură cu ciucuri
de mătase
am sărit pe spatele lui
pentru că trebuia să arunc
oglinda
nu mă mai puteam vedea în ochi

când te-am

Când te-am numit prima dată
ymp...
venea de la t-ymp
acea trecere a trecerii
umblând din uşă în uşă
să nu-i scape nimeni

mai târziu ai scris şi
pe batista decorativă din buzunarul
de la piept
parfumată cu iasomie de vară

o sământă a dat rod
şi în cumințenia ierbii
tympul s-a aşezat la taclale
am crezut că nu mai pleacă

kardamon şi pfefferminze

lui paul s.

Kardamon şi pfefferminze
beau pe stomacul gol
şi culmea,
visele încâlcite încep să se pieptene
singure

peste umărul drept
plin de prieteni
lacrimi şi oftaturi
arunc un pieptene de os
de peşte,
sub burta calului, deodată,
creşte marea în vuiet de crabi
şi delfini care vorbesc pe frecvenţe
neauzite
îmi fac urechea pâlnie
dau bidiviului jăratec
şi-apoi mă trezesc
şi beau pe stomacul gol
kardamon şi pfefferminze
peste umărul drept
plin de prieteni...

până la urmă mi se vedeau rădăcinile

Şotronul meu avea cap braţe şi bar
când aruncam piatra se rostogolea
de câteva ori
piatră pe piatră
lăsa cercuri în urmă
şi fabrica amintiri din curtea cu plopi
dacă jucam singură
mă agăţam de cifra 7
rămâneam până seara
când venea mama să mă ia la culcare
trăgea de mine sfios mai întâi
autoritar mai apoi
până la urmă mi se vedeau rădăcinile
pe sub poarta de fier
şi mama fugea după umbrelă
să nu mă nimerească stelele

primăvara las peste curtea cu plopi
fulgi albi

privind delfinii

Dumnezeule
privind delfinii delicat
printre inele de apă
mi-am dat seama brusc
ce frumoasă este viața
aproape că uitasem
în fiecare săptămână trebuie
să îmi cumpăr delfini
şi puțină apă de mare
chiar dacă vinerea mi-e frică
să nu fiu prea sărată
înainte de liturghie

până la călcâie
vine mirosul mării de vară
îmi tămâiază visurile
să mai rămână o clipă
clipa lungă până la sfârşit

se crapă de seară

A venit toamna destul de repede
cu pantofi de ploaie
şi umezeală în loc de aer

grădina e verde
chiar dacă nu mai are câine
a murit săracul de inimă neagră
de atunci nu mă mai joc la uşă
s-ar putea să latre la miezul nopţii
când stelele cad fără zgomot
vecinii s-ar mira pentru că ştiu
că nu mai am ce să păzesc

hoţii au plecat tiptil
stau trează şi ei nu vin
şi-a doua oară
de ce ar veni?
asigurările nu le pot încasa
şi de altfel nu i-ar crede nimeni

se crapă de seară
copacii se rătăcesc în umbra pământului
luna întârzie după un colţ
s-a îndrăgostit deunăzi

la bărci!

Săriți la bărci!
pantocratorul din Sinai s-a mutat
la muntele Athos
urcă fără sandale şi tace
morocănos
pleoapele grele de cele văzute
articulațiile rupte de cele purtate

săriți la bărci
rândul doi mă întreabă sticlos
ce-i aia percolat?
ceva lat sau care inventează pere?

săriți la bărci
cutremurul de gradul 9
năvăleşte furiş furişat
Pantocratorul şi-a desfăcut aripile
noi ne dăm drumul fără

1.

Cum ar arăta o lume
fără lacrimi
printre stâlpii pontonului
marea nu ar mai fi sărată

arc de război

Ai intrat
în casa mea
ți-ai dat arcul
jos
de pe umăr
l-ai sprijinit
cu grijă
de peretele
imaculat
şi te-ai aşezat
la masă
am mâncat
am râs
am băut
am vorbit

despre vin
despre roboți
despre copiii
noştri
ai altora

la asfințit
te-ai ridicat
ai aruncat
părul
pe spate
vehement
ai luat arcul
l-ai întins
şi ai tras
necruțător
în plinul meu

arc de război
coardă lungă
răsucită în 7
pe care nu-l
iubeşte
nici Dumnezeu

aleile peştilor

Şi pentru că tot am luat
frühstückul cu Caesar
vreau să vă spun
că friptura cu foi de salvie
saltimbocca alla romana
urmează mai pe seară
cu vin dulce şi aromat de smochine

soarele şi-a arătat astăzi îngăduința
în vecini se aud nemiloşii
tăietorii de iarbă
copilul meu bărbat
deschide iute ferestrele
să intre vârtej mirosul de verde
şi plânsetul furnicilor

e pace!
în zori un avion cu aripi
trase spre spate
a întrecut sunetul
şi mi-am imaginat cum ar fi
să arunce din burtă
gloanțe uriaşe
unul câte unul...

apoi m-au sunat prietenii
la uşă
să vin pe malul mării
plină de sare

epava lua aer
după ce înghițise
amar de apă
şi se alinase

pe un dâmb de nisip –
casă a peştilor a fost
câteva sute de ani
acolo te-am cunoscut
scafandrule cu geam aburit
şi ombilic netăiat
aruncai bule roşiatice

te-am strigat
numele avea mişcări
de apă adâncă
şi graţii de căluţi de mare
se scria cu Meduze
cu liane
aleile peştilor erau pline

în Groapa Marianelor
îşi făcuseră cuiburi
îngerii
mănăstiri de cleştar
fără porţi fără ferestre
doar hamace şi turle
voaluri şi valuri
pe trupuri pierdute
între Dumnezeu şi pământ
între materie şi duh

63

(al doilea răspuns către adrian)

Şi întâi a fost cuvântul
apoi etajul şaizecişitrei
şi altele deasupra până la cer
mai sunt doar câţiva ani
frumoşi ca răsăriturile lunii roşii
clopotul lui tarkovsky... sună de vecernie
şi tu nu mă laşi să plec...

la plimbare cu pasărea

Răuvoitorii ar putea crede
că am prins-o în lesă
şi-am ieşit cu ea la drum
Nu, definitiv nu

Pasărea s-a lăsat blajină
lângă caietul meu
m-a chemat cu ochi strălucitori
de marcasite
şi mi-a făcut semn să stau
mai spre coada ei
să mă țin bine de aripi

Aşa a început lumea
să îmi fugă de sub picioare
aveam pregătiți piepteni fermecați
formule magice, săbii de Toledo
şi tot felul de bănuți pentru vameşi
nu mă puteam uita înapoi
şi nici nu mă gândeam la întoarcere
dar de câte ori vorbea pasărea
de sub mine
lumea devenea tot mai departe

cititorul

Citesc gânduri de la o vreme
nu ştiu mereu ale cui sunt
dar le citesc pe toate

***răşinile pădurilor dispărute
asfixiază scorpionii de vii
o ciocolată caldă
ochii scânteiază de ură
să-şi cumpere mireasa pentru zestre
suntem verigile unui lanţ
scufundat în mare
variolă
apa clipoceşte la piciorul casei
să-ţi umpli viaţa... tu
vioara din Cremona tace dacă

nu o cânţi în fiecare zi din
Cartea Cântecelor
să bem un gin cu gheaţă împotriva malariei***

în micul meu Babel
unele sunt bune
altele numai vopsite
îţi stau în gât
unele nu se înfăptuiesc niciodată
se îmbracă în rochiţe roz
şi dansează dansează
uitând pentru ce au venit pe lume

clopotarul

Te aleg pe Tine în fiecare zi
fii indulgent
pune-mi o clopotniță
deasupra capului ca
pe un clop de lână
legat presat lustruit
tras pe calapod
din care să beau apă sfințită
să-mi intre misticismul
prin gură în piept
să coboare în genunchi
să dea rădăcini şi coroană

la umbră inima mea să-şi dreagă
bătăile după
muzica trasă din cer
cu mâinile roase ale clopotarului

bărbatului meu

Târăsc după mine
pietrele de moară
ştii tu care
alea care macină fin
grâul
bine copt şi cules
ştii tu
făina din care
se umflă cozonacii
cu nucă
multă
şi la care
ştii tu
se bea vinul
scurs din Cristos

conturul cuvântului

angelei nache-mamier

Pe masă
strălucea albă cartea cu chip
lacrimă toxică plânsă afară din corp
o zi o noapte o zi
apoi începu foşnetul ei
să umble din odaie în odaie
să se caţere pe scara b
în mine...

colţurile cuvintelor
pătrund în burtă
podidesc în gâtlej
dau oasele la o parte
până la miez

unde trecutul se lăbărţează
viitorul scade

singură
prinţesa s-a rătăcit pe aici
şi tace
i s-a stricat o aripă
drumul ei se reflectă
în mine...
unde-i iadul? noaptea creşte...
dar toamna?
când stratul gros şi greu
de frunze căzute
domoleşte rostogolirea pământului
prin spaţiu

pe masă
cartea cu chip şi lacrimi închegate
se înteţeşte de gânduri
se-învolburează-n cuvânt
miroase-a durere de viaţă
a şăgalnic regret
a umilinţă şi a datorie
a complicate mecanici
ale surâsului absent

peste mine se umezeşte de ziuă,
din multele zăvorâte
de-abia am deschis o uşă

copyright

Daaa, mi-am pus pelerina
ploaia se scurge pe cizmele de cauciuc
nu te-ai gândit la un jgheab
croitoraşul vesel ar fi făcut un tiv cu plumb
să nu o ia vântul de la pupa
către ştiinţe şi arte
cunoaştere şi YouTube

cu ecourile stau mai precar
rubricile din ziare s-au umplut de litere
şi golit de sens
sub câte o fotografie stă copyright
nu mă lasă să îmi tapetez neuronii
cu experienţe străine
autorii sunt încă în viaţă
după ce vor muri
vor muri de tot
nu se gândesc la asta
strigă în peşteră sub bolţi
se aud pe ei înşişi
orbecăitul nu are ecou

fiecare cu minciuna lui

Ai ochi frumoşi
să nu-i închizi niciodată
tremuri?
de noutate
de dorinţă
de cruzime
şi marea
bate în ţărm
jocurile iubirii
ai genunchii atât de subţiri
şi ascuţiţi
bem dintr-un singur pahar
otrava minciunii
cu gheaţă

irosim cuvintele
pentru operaţii estetice
dragostea îmbătrâneşte
se satură ne urăşte
i-e frig
din stradă se aud claxoane
porumbeii caută aripi
o urmăresc cu privirea
vorbim despre ea
nu se simte bine
e 6 şi patruşcinci
un vânt de moarte
linge aleile şi
flutură pungile de plastic
în care ne-am trăit viaţa
pescăruşii se-înghesuie
pe gunoaie
se aud suspinele pământului

şi flăcările iadului
foi rupte cu poezii necitite
fiecare cu minciuna lui
seniorita
dragostea îmbătrâneşte

semaforul a înțepenit
la roşu
pe stradă ploaia

de existat, există

Nu cred în vrăjitoare
dar de existat există
Nu cred în îngeri
Nu cred în Dumnezeu
dar de existat există
Eu nu cred în iubire
dar există
mai strălucitoare decât
strălucirea
mai de nestăpânit decât
moartea
mai singură
între săbii şi catapulte

tandem

lui ioan-mircea p.

Mircea,
pentru felicitări
este mereu loc
pe banca ta
unde împlineşti
de ziua copilei
volume
care mai de care
din care
nu am vreunul
şi ţi-aş fi prietenă nedespărţită
dacă mi-ai trimite
în guşă de pelican
seminţe din cartea de vise
surprinse în zbor
să mă bucur şi să iau aminte
pleacă cu vântul dinspre pupa
spre muzele-înspumate
se vor lovi tiptil de fruntea ta
îţi vor uita gânduri sonore
să tânguie între coperţi
tangente
87 de zile mă voi cufunda
în voiajul acoperit de mătăsuri
îmi voi spăla nopţile nedormite
în tandemul cuvintelor
apoi te voi aştepta în casă de chirpici
unde poezia a închis ferestrele
a tras perdelele şi a rămas singură
biata
a rostit ce nici Dumnezeu
nu vrea să audă

dibaciul

lui werner s.

Ştiu un amant dibaci
stă în bucătărie cu ochiul pe cuptor
umblă la butoane
şi la macaroane
dimineaţa pe senin de ziuă
mută aspiratorul prin colţurile
ce se oglindesc unele în altele
îl trimit la băcănie de trei, patru ori
cumpără tot

în amurg când îs rufele murdare
deh, soarele a plecat cu albeaţă cu tot
fuge repede să spele ecologic

urmaşii zbiară în pat haotici
fiecare şi-a pierdut răbdarea
şi încă nu şi-a găsit somnul
iubitul le spune poveşti
cu limbă de oboseală
învârte comutatorul
rufele trebuie întinse
manechinele aşteaptă de ghips
între timp s-au stricat bicicleta, magnetofonul
roata de la căruţă şi starea contului
nu-i bai, iarba este verde şi tunsă
miroase bine, eu dorm
eu visez...

dinte de lapte

Ţi-a căzut un dinte
copilă
un dinte de lapte
copilă
aruncă-l ciorilor
se vor repezi
„Cioară, cioară negricioară
Na-ţi un dinte de fier
Şi dă-mi unul de oţel”

nu plânge
viaţă curge peste tot
printre rădăcini şi apusuri de soare
prin ceaţa dimineţii
şi prin necazuri
viaţa trece prin foc
prin praf
de puşcă
şi prin moarte
vei vedea
la naiba!
corabia ne ia pe toţi
să suflăm în pânze
până ne ia oboseala

fii tu...

Sei Du selbst die Veränderung
norocul te paşte dacă eşti iarbă
Sei Du selbst die Veränderung
îmbracă-ți cuvintele, alungă tentația
Sei Du selbst die Veränderung
mută-te mut din realitate în gânduri

peştii se înghit unii pe alții
până la unul –
fii peşte!

fii tu schimbarea
fii tu ursita
fii tu norocul

fii tu alesul
fii tu inorogul
fii tu albul zânelor

fii tu însuți

jocuri de artificii

Prietene nu vei ieşi din timp
el va ieşi din tine
şi fără timp vei avea toate planurile
la index

nu mai ştii să scrii de la un capăt la altul al paginii
formele te țin întemnițat-gefangen
de răul cuvintelor trebuie să te aperi
lasă-le să curgă cum peştii la cascadă
de răul cuvintelor trebuie să te speli
să cureți ochii minții de balast
şi glasul să-l împaci cu liniştea

cântecele sunt jocuri de artificii
din care inima bea apa luminii
prea puțin pentru un dumnezeu absent
prea mult pentru nopțile nedormite

cel care scrie cu mintea alege
vei afla mâine că este un privilegiu

mascarada lumii

maiei m.

Ne iubim cu arma la curea
ne îmbrăţişăm cu cuţitul în mână
în aer mor păsările
fluviul duce greu apa-i vâscoasă
în mâl se zbat peştii
văd cum pe lama toporului curge sângele rece
iubim copiii copiii ne iubesc pe noi
printr-o sticlă groasă
aţâţăm un foc în care aruncăm sare
să plesnească scântei
şi ţopăim cu pielea încinsă
cu ochii arşi în flăcări
deşi
spinarea e îngheţată ca partea
nevăzută a lunii

luăm sabia şi scutul
luptăm cu butoaiele goale
cu anvelopele explodate
cu băncile cu guvernele şi impostura
cu mascarada lumii

Dumnezeu şi-a pus şi el o mască
să nu se dea de gol
e carnaval aici cu atâţia morţi
în pământ

puterile mării

Marinarul
îşi cunoaşte cel mai bine
stelele
se-aruncă sfârâind în mare
cu suflete moarte
cerul se umple de aripi
obstinat se-apleacă spre nord
ţipetele albatroşilor
sunt duse de valuri la mal
le culegi
le pui în biblioteci
şi suferi

marinarul se clatină
pe duşumeaua de pământ
atent la Venus
la scoică şi la chihlimbar
departe valul se întoarce în larg
cu epave în pântec

în inima lui
puii de pescăruş
cioplesc valva stenotică
unde vâjâie sângele
puteri albastre
de necrezut
puterile mării
sărate pe-obraz

wotan

Eh, lasă,
nu te mai spăla acum de toate păcatele
în baia mea cu dune de nisip
pasta de şlefuit s-a terminat chiar ieri
aşa că nu poţi toci dinţii ascuţiţi
cu care muşti din mantaua
lui Wotan
în căutarea înţelepciunii
îl putea face nevăzut
pe calul său cu opt copite

în poala mamei mari puteai visa în voie
cu picioarele încrucişate
oferindu-ţi prietenia trecătorilor grăbiţi
spre fundul iadului

hai să lăsăm armele să strălucească
cu entuziasm în cutia violoncelului
să convingem pistolul să nu tragă în pianist
fără el s-a dus...

nici (eu) nu mai ştiu ce

zăpada e grea
mamei

Încă mi-e dor
de când nu ţi-am văzut chipul
de când nu te-am auzit
demult
de când era ultima oară
în lumina fierbinte de iunie
demult
erau o mulţime de pietre scrise
gărduleţe albe şi flori, multe flori
demult
ţi-am pierdut urma în fugă
nu mi-ai lăsat umbra blândeţii
zălog
iernile vin, apoi pleacă, zăpada e grea
nu se topeşte la candelă
demult ai murit
plâng pentru tine
mamă

nu uit nimic-nimic
revin când mi-o veni noaptea
viaţa iese greu din mine

desăvârşitul

Lumina ciocolatie
dintre pomi
în fuga ochiului

tangentă cu păsările
o ceață compactă
mâncată de luminile roşii
se lasă mai agresiv
peste goana
de la un capăt la altul

Wiena cafenelelor mă smulge
din melancolie

Nu! Să nu îmi închideți ochii

întunericul este desăvârşitul
Nimic-împărat îşi zornăie
pintenii

şi eu neputincios
nu pot decât
să alunec cu ochii deschişi
în apele timpului
acolo unde viața
se lasă în genunchi
fără glorie
şi fără tăgadă

întoarcerea norocosului

Vară
am vopsit casa în dragoste
să o alegi când vii de pe mare
cu ceață în plasele de pescuit

dantelele dansează la marginea patului de nuntă
nu vii?

i-am văzut
erau negri învolburați cu burta pe ape
se târau spasmodic pe coame de val
cu gheare fosforescente se aruncau în spume
Poseidon bubuia vânăt
pe urmele lui Odiseu
scoicile de lemn dansau dezordonat
cu trupuri de pescari înspăimântați
peştii trăgeau aer pe fundul bărcilor
un aer greu de moarte

fereastra mea aurie cu trandafiri rotați
veghează
ciclopic

în noaptea

Voi dansa în grădină
ritualul morții

cer să fiu singură
să pot plânge nestingherită
să urlu
lup cenușiu flămânzit
la lună
mă voi face frumoasă
cu flori mari în părul desfăcut
cu sărutările iubirii
ghirlande fierbinți
cusute adânc
în carne

dureri se vor întinde pe iarbă
vor izvorî strâmb
din mine
şi vor pieri
nealinate

timpul va fi prea scurt
să mă uit înapoi
eu şi singurătatea mea
ne vom înfiora
nu am fost iubite destul
între răsărit şi pierzanie

voi fi frumoasă
măcar o dată
fără
oglinzi
parfumuri

rugăminți în priviri,
fără suflet să se rupă prea-plin
fără remuşcări şi
false vinovății
fără aşteptări
însângerate
fără glasuri
murdare de minciună
la ferestre

măcar o dată
durerile se vor întinde pe iarbă
vor izvorî strâmb
din mine
voi fi frumoasă

mentally challenged

fiului

Vecina mea din stânga
a fost arsă pe rug
îi aud
țipetele
când se adună seara
peste sat
de obicei e linişte
stelele se mai aud uneori
pocnind

mă las în genunchi
la buza nopții

pe deal flăcări roşii
fum gros, durere, urlet

şi închinare
frig, întuneric şi ploaie
îmi intră în oase
până la măduvă

un Lithops încearcă în piept
să înflorească
piatră vie

umblu la poalele dealului
fac mătănii

vrăjitoarele mai pâlpâie un pic
după care se adăpostesc în muzeu
pe masă o carte cu poze:
noi, Katharina Kepler
mental contestată,
ne simțim împăcați
semnăm în cartea de oaspeți

oceanica

(missa brevis)

Se odihneau cuviincioase pălăriile poeziile
rămăsesem în bătaia lunii
amândoi ne argintam cu nuferi şi delfini

la prova prietenii stârpeau timpul
cu râsete mioape

carmennnnnnnnnnnn....
cânta voios un Sprinten
se legăna năvalnic în parâmă
adulmeca cuvinte lipea încă un colţ stelei polare
şi împăcat cu gloria sa îşi lua zborul în larg
se răsucea cu lumea-în cap
de-i ţiuiau urechile a slavă şi părul a vâlvoi dar
prietenii de club aplaudau...
cu toate că soprana, tomnatică şi ea,
îşi înghiţise limba la fortissimo

albatrosul domestic
– singurul depistat –
îl îndruma către EST
lăsându-i la-ndemână
temutul Windcanal
dezlănţuit în aerodynamica sorţii
acolo se cântau mise funebre
se înmormântau comunişti-capitalişti
speranţe de bine

ah... sus într-un cui se legăna parâma
îndepărtate stelele mureau dulci-aromate
chiar şi luceafărul
înţepenit violent în fereastra adolescentei
de seară

carmennnnnnnnnnnnn...
gemea cuvios troglodìtul în lipsa vocalelor
şi se lăsa plutit de albatrosul domestic
mult mai departe decât departele...
NESCIT VOX MISSA REVERTI
– voi vă veţi descurca fără mine?
– absolut...

microsoft document

lui carmen b.

Ascunsă sub clic
semnată Y
prietena mea cu capul în jos
sau tălpile spre lună
trup de praştie
ochindu-mi asemănările
şi găsindu-le

prietena mea Y
eşti blondă...
ba nu
eşti frumoasă...
ba da
eşti ştiutoare
ba da...

îţi citesc ochii
în litere

mă înveţi România
rătăcită-n Balcanii
atlasului de pe rafturile
nemţeşti

cum păşeşti
cum miroşi
cum suni
cum ai ochii
albaştri
ba nu
negri
să ne întâlnim
ba nu...

360 de grade

Mi-au crescut
aripi grele
de astăzi aud ceasul
şi-a schimbat mersul
parcă şchioapătă cuminte
timpul s-a lăsat peste
lume
dintr-o altă lume
pentru altă lume
eheiii
misterul are 360 de grade

limbă iute

Oh, dragule, calul tău fermecat
a schimbat stăpânul
s-a dat cu opoziția și
Făt Frumos a uitat
traista cu salată pe câmp

după primul scrutin
Spânul
s-a urcat pe ghizdul fântânii
cu gesturi către mulțime
bolnav de limbă iute
și de mișelie

Oh, Făt Frumos
a fost părăsit
și de zânele preabune
în schimbul împăratului lacom
urcat pe tron

după perdea
în culise
zornăie banii
în inimi de piatră

furnicile lui YMP

marissei s.

Coordonatele mele canadiene sunt lângă heidelberg...
unde caii se țin de frumusețe şi drag de ei
când sunt concursuri îmi iau scăunelul şi cartofii prăjiți
la apusul soarelui fac poze şi mă duc fericită să visez
în grădina plină de miresme

am o carieră de piatră în spatele satului
le înşir pe lângă alei ca să găsească furnicile drumul când plouă
îmi este atât de bine să ştiu că le-am organizat retragerea
muşuroaiele se înalță din burta pământului
şi luminează când țiuie greierii
atunci este momentul fermecat să dorm pe umbra lunii
în privire mi se oglindesc avioane
cu aripi țepene de argint

prietene unde ți-e casa... o porți după tine...

copiii cu carii rozalii

S-a umplut o sacoşă galbenă
cu i-urile
pierdutele uitatele necunoscutele bătutele
de soartă
stăpâne ia-mi vederea
şi milostivul mi-o lua

cuvintele se simt îndreptăţite
să-şi umple cariile cu carton de păpuşi
din care se trag capetele tari, rozalii,
cu ochii albaştri
scaunele se lasă pe spate greoi
asistentele fug grăbite
lucesc fetele palide
mi-e frică
i-urile au trântit uşa şi siringile

păianjenii colecţionează punctele
la recensământ prea puţine

apassionata

Timpul s-a desprins şi pluteşte bucăţi în spatele meu

eternitatea merge la dreapta
chiar căderea în gol este un drum
ca un ciulin de-l duce vântul de colo-colo

mă descalţ de călcâie
dansez în vârful picioarelor
furia vrăjitoarelor
tălpile mele lipite de celelalte tălpi şi între noi
îmi îngheaţă cuvintele pe limbă

înghit cuvinte în sec luând aspectul unei spovedanii
în exterior lacrimile nu mai curg şi nu mai ţin cald
au picioare şi aripi albastre de libelule

aerul zumzăie jur-împrejur
mă aplec să închei catarama cu nestemate
şi văd propriul meu întuneric în care pot să cad
noroc că m-am încuiat pe dinăuntru
ţi-am aruncat cheia prin gaura cheii
şi stau cuminte balerină mecanică
un reflector pulsează pe mine
scena mă înconjoară intim
costumele miros a molii
spectacolul s-a anulat

fulgerul se separă de tunet şi umblă în cer pe vârful
degetelor
mă ascund sub abis mă liniştesc şi fluier apassionata
lumina ta nu se descompune
catedrală căreia nu-i poţi lua coloanele
să rămână goală
şi să umpli cu spaţiul ei o coală velină

mă uit înăuntru

Apa stătută din mine
fierbe
o lintiță neîmpăcată
verde
acoperă ce s-ar putea
vedea
umbre de trăiri vechi
se lăbărțează
năluci fugăresc apa
sub tălpi

fierbe apa stătută
din mine
mă uit înăuntru
şi scuip
de deochi
ies toate viperele
uscate
durerile legate cu
antinevralgice
piruetele inimii
fac vârtejuri
genunchii sunt groşi
emoțiile
mă aşteaptă pe scaunul
pe care mama n-a stat
să sufere
grăbită
să mă uite singură
în urmă

lumea ideală din piept
depărtează coastele

vreau să fiu cool
memoria fuge
repede înainte
obsedant uşile
se zbat în toc
pe repede înapoi

se întinde deşertul
apa stătută
din mine
se descuamează
schizofrenic
în picături de
totul este prea târziu
trecutul vine pe urme
umbră de câine
latră
se gudură

muşcă

îl sparg de
perete

CUPRINS

Contravaloarea timbrului literar se depune în contul USR nr. R044RNCB 5101 0000 0171 0001, deschis la BCR, Filiala Sector 1, Bucureşti.

COMENZI – CARTEA PRIN POŞTĂ

EDITURA PARALELA 45
Piteşti, jud. Argeş, cod 110174, str. Fraţii Goleşti 130
Tel.: 0248 633 130; 0753 040 444
0721 247 918
Tel./fax: 0248 214 533; 0248 631 439; 0248 631 492.
E-mail: **comenzi@edituraparalela45.ro**
sau accesaţi **www.edituraparalela45.ro**

graficprint industries

Tiparul executat la *Graficprint*
www.graficprint.eu
e-mail: comenzi@graficprint.eu